AGUAS ADENTRO

AGUAS ADENTRO

Alejandro Sánchez

Valparaíso
EDICIONES

Número 504 de la Colección VALPARAÍSO DE POESÍA
dirigida por FEDERICO DÍAZ-GRANADOS

Imagen de portada: francescoch
Maquetación: Paola Hormechea Cuéllar

Primera edición: abril de 2025
© De los poemas: Alejandro Sánchez
© Valparaíso Ediciones
C/ Fray Leopoldo, 7 Bajo 18014 Granada
www.valparaisoediciones.es

ISBN: 979-13-87538-62-0
Depósito Legal: GR 1127-2025

Impreso en España - *Printed in Spain*
Gráficas Gami

*El papel utilizado para la impresión de este libro está calificado como papel ecoló-
gico y procede de bosques gestionados de manera sostenible.*

AGUAS ADENTRO

*Para María Alejandra Chala,
por comprender que soy un hombre
que respira por los poros del lenguaje.*

PRÓLOGO

Presentar un libro de poesía siempre tiene el riesgo de caer en la simplificación o en la redundancia. *Aguas adentro* invita, ya desde el título, a pensar en toda la tradición sobre el simbolismo del agua (y esto sería quedarse a la orilla); y, al mismo tiempo, invita a sumergirse en una reformulación personal del tópico desde la sensibilidad de un joven poeta contemporáneo. Incluso en el mejor de los casos, toda paráfrasis del prologuista será siempre más pobre que cualquiera de los poemas que le siguen.

Aguas adentro es un libro que no requiere explicaciones previas, pero sí necesita una disposición especial en el lector para dejarse llevar por las sugerencias de este mar de palabras. Abrir los sentidos a cada detalle: el brillo que borbota, el olor que abrasa, el cristal que suda, el agua que se estira en la oscuridad, las manos que acunan el naufragio. Hallazgos verbales que revelan la intensidad de la mirada del poeta.

Tomemos ahora como ejemplo un poema: "Ara macao" (nombre técnico de la guacamaya escarlata, presente en la Colombia natal del autor). En una primera lectura, puede parecer un poema simplemente descriptivo, bello como una guacamaya, y ya. Sin embargo, el poema ofrece una densidad de connotaciones realmente poderosa. No porque haya un mensaje o significado "oculto" que el lector deba "descifrar", sino que el lector atento disfrutará de las aperturas de sentido que se generan a través de los contrastes (los muertos, los cuervos), del punto de vista posterior a un evento que no se nombra, o de la hermosa imagen final en que a la ausencia de la guacamaya le sigue "la sonrisa invertida" del arcoíris.

Además de los versos fulgurantes y de las sugerencias de los poemas individuales, el lector podrá disfrutar también de la construcción del poemario como totalidad, a través de varios hilos que se van entretejiendo. Uno de los hilos posibles vendría dado por la voz del sujeto poético, desde las despedidas a "Clau" hasta el presente abarcador de las últimas cartas a "Violeta", pasando por los días de soledad y reclusión en el segundo apartado, y por la mirada contemplativa del tercero. Otro hilo evidente sería el simbólico, a través de todas las imágenes ligadas con el agua, desde la "humedad" y la "filtración" del primer poema hasta el "floto" en el mar con que acaba el libro. También es posible seguir el hilo sensorial, de las sonrisas, las caricias, la porosidad del cuerpo, e incluso la realidad tangible de la enfermedad y los medicamentos.

Son todas ellas posibilidades de disfrute para el lector de poesía que se acerque a este segundo libro de Alejandro Sánchez. Solo me queda animarle a aventurarse en este trayecto poético que, sin duda, le recompensará con creces.

Guillermo Molina Morales

*Allá en el fondo, todas las palabras que dijimos
y de las cuales ya no guardamos recuerdo,
duermen bajo las aguas.
Duermen aquellas que no supimos decir
y esperan su turno para salir a flote.
Las cartas que hemos roto, las no recibidas
y las veces que hemos dicho adiós.
La pena que sentimos y que ahora,
al recordarla, nos parece pequeña.
La risa o el llanto que no llegó a brotar.
La amistad que buscamos en el momento difícil
y que resultó más débil que nosotros,
más falta de ayuda.
La persona a quien quisimos consolar
y nos sirvió de consuelo…
Todo duerme allí, en ese fondo.*
CARMEN KURTZ

I. MARCAS DE AGUA

El dolor se talla y se detalla.
GONZALO MILLÁN

CLAU:

Dieciséis minutos tarda escribir una despedida. Fijar las palabras, cual puntillas, sobre una pared blanca. El hueco permite advertir la humedad, mas no el lugar de la filtración. Dieciséis minutos. Tiempo justo y suficiente. Un minuto más traería la duda, se ablandarían las palabras.

Ni más, ni menos. Dieciséis minutos de escritura lenta. En los que las manos descascaran la grieta. Los ojos ven los restos, mojados, arrugarse al tocar el suelo. Dieciséis minutos en los que cambia la necesidad de preservar la armonía del espacio por la de contener el relente.

Dieciséis minutos que en tus manos serán tres de lectura. Pasarás por la fecha, tu nombre, un contenido legible y, al final, la firma borrosa bajo el rocío de una pared que se viene abajo.

CLAU:

Miro al azul antes del azul. No conozco la profundidad del agua. Apenas, en este mar que antes era claro, reconozco el sonido de un cuerpo que se hunde sin saber nadar.

CLAU:

Íbamos al museo a jugar con la mirada. Aquella vez te detuviste frente a *Mar borrascoso*. Quise experimentar, como tú, con las palabras. Saqué la agenda, nos imaginé y escribí:

Ver venir las olas

Juegan las olas
a morderse
las espaldas

se agitan
contraen

                    y   *e s t i r a n*

algunas
mansas
se diluyen

otras
inquietas
chapalean

bajo una nube
toma forma el deseo

sobre la arena
la espuma marina

se desprende del mar
y dibuja los ritmos
del anhelo

CLAU:

Me mirabas con amor. Aun en tus intentos de enojo, eras suave con la mirada.

CLAU:

Hice un listado de cosas encontradas en mi cuarto oscuro:

- Un piano silente

- Medias veladas
                    —sobre piernas sin vela—

- Ruidos —tanteos, roces, acomodos— sin ritmo

- Una luminaria —sin luz— en el techo

- Un par de zapatos que caminan alejándose de mis pies: buscan el agua

CLAU:

No solo me alejaba de la orilla, la perdía de vista. Con la voluntad de negarme y anegarme aprendí a bucear en silencio.

CLAU:

Embarcarse

Besan tus dedos los pliegues
Armas la defensa
Ríos ambarinos inundan las mesas
Canciones de guerra suenan en el ambiente
Ondulas las velas antes de zarpar
Sabrán tus manos acunar el naufragio*

En el bar construías barcos con las etiquetas de las botellas. No me mirabas. Dejaste caer un trago de cerveza sobre la mesa. La madera se tornó negra y, sin poder absorber el líquido, se formó un lago. Sobre él pusiste los barcos. Uno a uno se hundieron. Luego, me miraste y sonreíste.

CLAU:

El agua susurra tu nombre a la ventana. En el balcón, una a una, se acomodan las gotas, parece perlado. Unas juegan a sostenerse, otras al vuelo. Con los minutos, la condensación en la ventana vuelve todo opaco. Afuera la luz difusa no alcanza a iluminar la noche. Adentro recuerdo esas tardes, bañadas en ron, en las que no era necesaria la lluvia y bastaba el calor latente del cuarto para hacer sudar el cristal.

CLAU:

En esta tarde en la que quisiera saber si todavía hueles a lluvia de enero, recuerdo cuando leíste las palabras de un nativo de Nueva Guinea: "Aquello que ves cuando te miras en la superficie del agua, o de un espejo, no eres tú y ni siquiera es humano".

CLAU:

Como si nuestra historia estuviese fundada en la fractura, estas palabras intentan ser el pegamento de lo que está roto hace tiempo.

CLAU:

Sobre la mesa dejo el vaso. Vacío. Sin agua. Tu ausencia escapa por las fisuras de los labios que en él se han hecho imagen. Si prestas atención podrás escuchar la angustia de esta sed.

CLAU:

Guardaba estas palabras
anidadas en mi garganta
para decirte
la palabra amor no es el amor
y el olvido es
tan solo una palabra
para contarte
que el tiempo no está en el reloj
para hablarte
de la soledad de un cuerpo
—que nada entre los recuerdos—
para escribirte
este poema
que no es un poema
sino un testamento.

Violeta

II. BUCEAR LA HONDURA

¿Soy un monstruo o esto es ser una persona?
CLARICE LISPECTOR

DÍA 1

Todo se funda en el delirio.
DOCTOR CARRASCO

Un jardín me rodea
hojas verdes
parecen incendiarse
en las copas de los árboles

Proyectado
un silbido se introduce en mi oreja
las manos
desconectadas del cuerpo
buscan el silencio

                                        ventea

Acostada
sobre mis piernas
—soy un hormiguero—
centenares de cuerpos negros
anidan en el vórtice de la herida

Al caer
algunas hojas me rozan
a lo lejos
el incendio
            ulula y se eleva
hacia otros rumbos

Pienso:
lo que se quema
siempre se está *yendo*

En el suelo
agarrada de la tibieza del fuego
los sonidos se agudizan
la ventisca vuelve al oído
                              aprieto los restos

Con las manos tiznadas
—del daño siempre queda algo—
vuelvo la cara a los árboles
como un mantillo
el fuego se esparce por el jardín

DÍA 2

El salón es iluminado
cuerpos deambulan
percibo
       voces
         olores

Algunos buscan cercanía
detienen los pasos
y estáticos
tantean profundidades

Llevo mi calor a la ventana
una vaporosa exhalación
mancha el cristal

En silencio
—transportada al pasado—
proceso lágrimas

Vuelvo la mirada al interior
me asomo a unos ojos verdes
                gritan

Desde su agujero
una mujer insalvable
me pide que salte por la ventana

DÍA 3

El cuarto huele a humedad
la vida se filtra
corroe las paredes

Abriéndose paso
el sonido líquido
interrumpe el tintineo de cabellos
abandonando mi cabeza

            —mirado de cerca
el piso podría ser una alfombra, pienso—

Sobre mis pedazos
dejo caer el cuerpo

Desde un rincón
una mariposa me mira
                  —sin parpadear—
me recuerda tus ojos
extraño sus huellas húmedas

DÍA 4

He vuelto a contar los días
pasan apenas
entre flores en llamas
cantos del viento
blancas y altas paredes
medicamentos
presencias inesperadas
y un brillo que borbota
en las heridas de mi piel

DÍA 5

En las noches
alguien escucha los alaridos
de la tortura

Al otro día se levanta y anda

DÍA 6

I

Hoy no llueve fuego

Descalza
camino sobre la hierba

El viento se ha llevado las cenizas
y la memoria de la tierra
                    es húmeda

La voz de Elisa
impregna el ambiente
me llama

Me dejo ir hacia ella
nuestros ríos se encuentran
y al desbordarse
nos acunamos entre las manos
como si así pudiéramos impedir
                    el naufragio

II

Sobre la superficie
cada una rema
                —liviana—
de regreso a su represa

III

Me miro las venas
                    —flacas—
pienso:
al bajar el nivel del agua
la porosidad del cuerpo
deja ver la profundidad del vertedero

DÍA 7

Plinc, plinc, plinc

Ese incesante goteo
es el sonido de las palabras
escribir es *d*

       e

       r

       r

        a

         m

          a

          r

           s

           e

DÍA 8

En la habitación
los ojos se oscurecen
sueño despierta

Es de noche y un pájaro canta

En las orillas
            se tejen caminos
senderosombraárbolnido

El pájaro blanco
                ta ra re a
libre y desprovisto de ritmo

Voces invisibles
dicen:
            su canto intenta arrullar el insomnio

Yo
sé que su cantar
entraña la razón
de su largo abandono del mundo

DÍA 9

Hay vacíos
            —no grietas—
en los lugares
en los que una vez
hubo algo

Un libro
unos ojos
unas manos

Hay vicios
            —no manías—
en las que se piensan
las ausencias

Llegan recuerdos

de un verso

de mis ojos

entre los huecos   espaciados

                              de tus manos

DÍA 10

En la ventana
ojos invisibles
observan mi desnudez

Mis manos
                    —*secas*—
intentan tejer algo

Mis dedos
                    —*arremolinados*—
buscan la fuente

Sobre la sábana blanca

                              larga
                                    crece una sombra

DÍA 11

La depresión ha subido
como algo que solo le recuerda
a la marea de la bahía.
CLAUDIA HERNÁNDEZ

I

Camino
entre los hibiscus
al consultorio

Desde algún lugar
cercano o lejano
me acompañas

II

El doctor Carrasco
usa Converse rojos
como tú

Organiza las fechas
los acontecimientos
no dice nada concreto
como tú

Me hace preguntas
lo acostumbro al silencio
como a ti

Hacemos una actividad
recorto lágrimas hechas de fomi
cuando me pregunta qué he hecho
no encuentro las palabras
pero algo sonríe dentro de mí

III

En la sala de espera hace frío
las lágrimas recortadas
pueblan mis manos
una a una
las dejo caer al piso
una bahía hecha de lágrimas

Carrasco asoma tras la puerta
lo veo en el reflejo del agua
su voz
fuerte
clara
forma *ondas concéntricas* en el líquido
sus palabras llegan a mi orilla
como una ola
golpean mi cuerpo:
Debemos mantener el medicamento

DÍA 12

Alguien tapió las ventanas
el agua se estira en la oscuridad:
navego en la huida de la luz

DÍA 13

Intento caminar
las rodillas y la cadera
                    duelen

Intento acariciarme
—como otros días—
darle calor al cuerpo

Mis dedos
            al contacto
punzan como agujas

Busco el chal
lo coloco sobre mí
tu olor abrasa
                    —me corroe—

Desnuda
            deformada
                    dolida

Me *r a s g o* la piel
mi cuerpo
caja de resonancia de todos los dolores
me atrapa

DÍA 14

Elisa vino a visitarme

Tras la puerta
oigo su voz
canta la canción que le enseñé
días atrás en el columpio:

> *Tu mano dibujando en el aire*
> *era capaz de ponerle color*
> *al espacio vacío que se llenaba*
> *con la luz de la estrella brillante*
> *cuida bien de tus estrellas, mujer*
> *cuida bien tus estrellas*

Abro los ojos
—dos velas intermitentes—
miro al cielo raso
manchas húmedas lo atraviesan
sumergida en mis pensamientos
tu voz me recuerda:
Bajo el agua no pueden verse las estrellas

DÍA 15

I

Soplabas
como los infantes en el parque
convirtiéndome en burbujas
ofrendadas al aire

II

En la tierra
intermitente
tu verde sonrisa
gritaba mi nombre

ClauClauClau

III

Mecida por el viento, pensé:
la elevación
también
es hundimiento

DÍA 16

Antes de mi salida
Carrasco
en una hoja membretada
me entregó unas recomendaciones:

1.

Salir
y sobre un pedestal vacío
oler la noche

Volver
al presentir la necesidad del tacto
con el tono acuoso de la madrugada

2.

En casa
las brasas frías del sofá
observarán la leve brizna acaparar
los espacios del calor en la ventana:

dejar lo húmedo ser

3.

Al dormir
cerrar cortinas
y no preocuparse:

el tránsito de las sombras
tan solo dibuja la impermanencia

4.

Al despertar
busque la luz
y en un frasco
guarde algunos rayos

5.

En caso de recaída
abra el recipiente

DÍA 17

Dejo
     caer
         agua
sobre las materas

La regadera
gota a gota
recita tus palabras

DÍA 18

Violeta me recuerda
las formas del amor:

Una vez
en medio de la lluvia
sus pies desnudos
caminaron sobre los charcos
          —negros, estancados—
que se abrían a su paso

En casa
sequé sus plantas
reía:
sus carcajadas
apagaban los truenos

Otras veces
en la quietud de la noche
buscaba su aroma
como un colibrí
en una rosa cabizbaja

Encontrada la hondura
nadábamos
los chapoteos
del cuerpo
eran la voz del agua

De regreso a la orilla
Violeta descansaba
giraba el torso hacia la ventana
y al intentar abarcarla
me ahogaba en su espalda

Al despertar
la mañana y sus sonidos
llegaban claros

La luz del sol
                    —recostada en la cama—
entibiaba su piel
como si se hundiera en ella

Con mis manos
buscaba su calor

Violeta
abría los ojos
su luz
me guiaba
de nuevo

Adentro
mi cuerpo
conversaba
con el agua
antes
del temporal

III. EL MAR TOMA, EL MAR DEVUELVE

El corazón es agua
que se acaricia y canta.

El corazón es puerta
que se abre y se cierra.

El corazón es agua
que se remueve, arrolla,
se arremolina, mata.
MIGUEL HERNÁNDEZ

HALLAZGO

Quisiste encarnar
una muchedumbre de animales
arrastrarte como las lagartijas
intentando entender
los ritmos del sol
los matices del silencio

Cualquier día
como un cóndor
te fuiste a la montaña
y la niebla luminosa
cubrió de rocío tus cabellos

Cualquier tarde
sentada en el estudio
como una mujer ante una hoguera
te sacaste de adentro las fieras
buscaste sus nombres
—los verdaderos—
les diste una forma

Cualquier noche
después de que tu negra silueta
se desvaneció temblando en el agua
encontré la caja
el animalario

Leí el epígrafe
demasiado largo para mi gusto
y las doce fichas
—todas las que fuiste—
desordenadas
de *El último canto de las especies*
sin tu firma
pero con tu voz

Fue entonces cuando
quizás
por vez primera
sentí que todas las pequeñas grietas
abrían una hemorragia irreparable
la erosión no era imperceptible
tan solo tenía que buscar su fondo

EL ÚLTIMO CANTO DE LAS ESPECIES

Solo después de dar algunos pasos pienso en los límites de lo que hago. Me pierdo sobre todo cuando trato de saltar fuera de los límites. Aunque los límites se nieguen, los cruzo. Quiero ver qué hay al otro lado de las palabras, en los paisajes que no se ven, en los relatos que desaparecen a medida que los despliego. Quizá si me internara en la poesía vislumbraría ese horizonte al que no llego. Pero no soy poeta y lo siento. Si lo fuera podría nombrar la real naturaleza de las cosas, encontrar de una vez el centro en vez de perderme en los márgenes.

TOMÁS ELOY MARTÍNEZ

VULTUR GRYPHUS

Con cuidado extiendes las alas
Óleos en blanco y negro sobre
Nubes que en su inmensidad no pueden tocar el cielo
Devoradas las ausencias en el paisaje
Oteas al pasado
Recuerdas el canto que nombra la nostalgia

ARA MACAO

Guardas tus colores luego del revuelo
Utilizas el breve espacio como escenario
Ahora acomodada
Cantas buscando un consuelo
Afuera te escuchan los cuervos y sobrevuelan los
Muertos —su propia jaula—
Atardece
Y ante tu ausencia en el cielo
Aparece con su sonrisa invertida el arcoíris

ERETMOCHELYS IMBRICATA

Tiene
Oscuridad
Ritual
Tu
Último
Grito
Ahogado

Cuando
Amanece
Reptas
Entre cuerpos
Yacentes a la orilla del mar

PANTHERA ONCA

Juegas
A
Ganar
Una
Antigua
Recompensa

ante un jardín infinito

INIA GEOFFRENSIS

Apenas
la tímida punta
entre el agua oscura
            emerge

Espera y silencio
se mecen como ondas en el agua

Tu pico
abre el río
como si fueses un pequeño dios

Mides el aire
saltas hacia el cielo
y antes
D
E
L
F
Í
N
buscas alejarte
de los itinerarios de la sangre

PUMA CONCOLOR

Puedes ver la sombra que pasa
Urdir el silencio
Mientras posas ausente
Antes del canto agónico

DASYPODIDAE

Armado
Reposas tras un tronco sin hojas ni flores
Miras escombros abandonados

A tu alrededor el aroma del paso del tiempo

Durante la noche, asustado, disparas el arma
Ingenuo del daño

Luego la luz despierta todo lo que toca
Lloras a tu hermano y
Oras al cielo ensombrecido como tus manos con la sangre

IGUANA IGUANA

Ideas como versos rondan tu cabeza
aGarras palabras
Unas siguen su desfile
Analizas su peso, su valor, sus efectos
iNtentas nombrarlo todo
Ante un colorido silencio que ve borbotar el poema

PHYLLOBATES TERRIBILIS

Respiras un nuevo día
Amanece y, en el agua, la luz del sol posa su reflejo
Nadan los muertos de
Ayer, hoy y siempre

Diluidos pero presentes
Oyes sus quejidos, los miras
Rígidos rictus atraviesan sus rostros
Ablandados los cuerpos flotan
Decidida saltas a otro lugar donde la muerte sea
Ajena

PRISTIS PECTINATA

Pasa el río y sus muertos
Entre la
Zozobra se pueblan las riberas

Sigues tu camino
Ignorando
El desfile de los
Restos
Respiras entre cadáveres y
Añoras que tuviesen su lugar en la tierra

CERVIDAE

Varado en la orfandad de la nada
Esperas
Nuevos presagios

Arriba en los árboles
Desprevenidos cantan los pájaros y por un instante
Olvidas que todo se lo traga la tierra

HOMO SAPIENS

Meces entre tus manos el aturdimiento, eres
Una con la obsesión
Juegas y miras el mar aquietarse junto a la noche
Esperas la brisa, el frío tintinea a tus espaldas
Respiras hondo y bajas los brazos, quieres ser una con el agua*

*Acostumbrada a las aguas tibias, la baja temperatura acontece, remueve. Mi cuerpo nada y sabe que no debe irse tan lejos. Pero algo lo hunde. Los ojos abiertos, el techo azul, la penumbra, el cielo oscuro, ineludible, lo arrastra, mi boca se inunda, es dulce, indoloro, el vórtice, quién iba a decirlo, esto era todo, meciéndose, como en el vientre, mi cuerpo está siendo aspirado y no hay nada que pueda hacer.

MUY ADENTRO TODO ES FONDO

I

Llevo más de cien días alicaída, Violeta. Los he contado, como si contara ovejas. Todas las noches. Una y otra vez. Del uno al cien. Del cien al uno. Me gusta contar hacia atrás más que hacia adelante. Desde lo de la caja, pienso en ti y miro al cielo. Con el índice hago dibujos en el aire. Junto las estrellas en un recorrido imaginario y logro que coincidan con los animales de tus acrósticos. Las constelaciones sonríen. La poesía se expande por el espacio.

II

Es la noche ciento uno. Quiero ver llover. En la ciudad no cae agua hace treinta y seis días. Me he acostumbrado a hacer conteos, Violeta. Camino y camino buscando el agua. Es aquí, en la materialidad de las cosas, arrastrados a la vida entre el miedo y la esperanza, donde pienso que todo cuerpo necesita un orden. Saber las coordenadas. Luego pienso que uno debería poder retirar de forma momentánea lo que duele. La cabeza por un rato, el ojo derecho, dos o tres costillas del lado izquierdo, la nariz y una que otra vértebra. Anhelo, como tú, el agua. A veces echo a correr hasta cansar la mente y las palabras.

III

Mis pasos me trajeron al mar en la madrugada. Miro la orilla. Oigo el oleaje. Una bandera blanca, un gesto. Tal vez eso bastaría. Pero no, Violeta. Debo aceptar el dolor. Preguntarme dónde duele. Buscar en el cuerpo las heridas. Medir su cercanía. Tocarlas. Hundir los dedos. Jugar con la sangre. Debo dejar de pensar que estoy suspendida, como si tuviera abejas rondando mi cuello y alambres rozando mi espalda. Siento que mis costillas tienen una tormenta eléctrica encerrada y tal vez por eso los demás no entienden nada.

IV

La mirada, como el tiempo, todo lo destruye, Violeta. No advierto que estar en medio de la nada es mejor que estar en todo. No me detengo a observar lo que habita en las orillas del camino. Avanzo. Siento cómo el agua me llama. Me pesan los pasos. ¿Te pasó igual? Recuerdo la clase de física en el colegio. En el agua el sonido viaja más rápido que en el aire. En el fondo, tal vez, podría escucharte de nuevo.

V

Después de muchos días llueve sobre el mar. Estoy a la orilla, Violeta. Tú dirías ribera, borde, frontera, inicio y fin del horizonte. Solo me faltan un par de pasos. En mis manos yace lo inactivo: tus poemas, tus animales. Los abrazo y avanzo. La madera se humedece al contacto con el agua, pienso que va a naufragar, pero se mantiene a flote en la bahía que formo, por un instante, con mis manos. Sin barreras, la corriente la aleja de mí, dibuja tu andar. No sé cuál es la velocidad de las cosas sobre el agua, pienso. Me arrojo tras ella sin certezas. Nado, sin escucharte, hasta no sentir piernas ni brazos. Los pulmones me piden aire. Vuelvo a la superficie. La caja está lejos. Ahora sé que te vas y no te vas. Aunque te vas, no te ausentas. Aunque te vas de palabra, pero no de pensamiento, te vas y no te vas. Yo, lejos de la orilla, floto.

ÍNDICE